# Inhalt

**Pricing und Revenue Management**

Kernthesen

Beitrag

Fallbeispiele

Weiterführende Literatur

Impressum

# Pricing und Revenue Management

*M. Westphal*

## Kernthesen

- Preispolitik wird zunehmend als ein Tool der Ertragsoptimierung erkannt.
- Effektives Pricing Management kann durch verschiedene Analysetools unterstützt werden.
- Dem Revenue Management stehen Instrumente der Preisdifferenzierung zur Seite.
- Dynamisches Preismanagement und Yield Management dienen als kapazitätsorientiertes Ertragsmanagement.

## Beitrag

# Unternehmen entdecken die Preispolitik als ein Tool der Ertragsoptimierung

Die Preispolitik gerät immer stärker in den Fokus der strategischen Überlegungen der Unternehmen, da ein intelligentes Pricing Management Ertragspotenziale verbessern kann. Dieses geschieht insbesondere durch die Erweiterung der Angebotsalternativen, aus denen der Kunde das für ihn passende Angebot wählen kann; verknüpft mit einem Preissystem passenden Zuschnitts.

Es ist nicht nur schwer, ein Produkt neu zu entwickeln, sondern auch, den richtigen Preis für Produkte und Leistungen zu finden. Häufig orientieren sich Anbieter noch an den Kosten, zu denen einfach ein Gewinnaufschlag kalkuliert wird. Allerdings sollten die Kosten immer nur die absolute Preisuntergrenze darstellen, nicht aber als Basis für die Preisfindung dienen.

Andere Unternehmen orientieren sich am Wettbewerbspreis, der die Preisobergrenze für ein Produkt darstellen sollte. Aber jedes Produkt sollte sich von den Wettbewerbsprodukten unterscheiden und der Unterschied muss sich häufig im Preis niederschlagen. Aber was ist der (Differenz-)Wert des Produktes für den Kunden, also der Value-to-the-Customer? Wird die Differenz nicht genau getroffen, verschenkt der Unternehmer entweder Geld, oder er verliert durch zu hohe Preise Käufer. (1)

Momentan scheinen nur Produkte Erfolg zu haben, die entweder kostspielige Prestige-Produkte wie Modemarken, oder aber besonders billig sind. Die Mitte undifferenzierter Produkte hat immer weniger Chancen. Denn auch Niedrigpreisprodukte haben inzwischen eine solche Qualität, dass sie für den normalen Bedarf völlig ausreichen.

Der Markenwert ist allerdings bei Wissensprodukten und Geistesleistungen besonders wichtig, um entsprechendes Vertrauen beim Kunden aufzubauen und adäquate Vergütungen zu erzielen. (1)

Die Wahl der richtigen Preistools ist abhängig von der strategischen Gesamtausrichtung eines Unternehmens, um nicht durch z. B. ruinöse Preisstrategien, Qualitätsmerkmale zu konterkarieren. Darüber hinaus ist es notwendig, dem Vertrieb nicht nur Anreize im Hinblick auf abgeschlossene Transaktionen zu liefern, sondern seinen Erfolg auch über die erzielten Erträge zu definieren.

# Verschiedene Analysetools unterstützen ein effektives Pricing Management

Selbstverständlich verlangt ein ausgefeiltes Preismanagement auch nach den notwendigen Informationstools. Hierzu ist es notwendig, die gesamten im Unternehmen vorhandenen relevanten Markt- und Kundeninformationen systematisch zu sammeln und den individualisierten Bedürfnissen der einzelnen Nutzer entsprechend zur Verfügung zu stellen. Unternehmen sollten ihr Marktforschungsbudget nicht nur für den Kauf von Informationen und die Durchführung von Studien verwenden, sondern auch für die Konzeption und Einführung eines Systems zur Strukturierung und dem schnellen und einfachen Abruf des bei ihnen vorhandenen Marketing- und Vertriebswissens.

Die Ertragschancen durch professionelles Pricing Management sind sehr hoch, andererseits sind die mit falschen Preismaßnahmen verbundenen Risiken groß. Sind die Kunden extrem preissensitiv, ist das Risiko sehr hoch. Die systematische Einordnung aller Preiskomponenten in eine so genannte Ertrags-Risiko-Matrix gibt wertvolle Hinweise für die Priorisierung umzusetzender Preismaßnahmen.

So sind auch die Auswirkungen von Preisänderungen auf das Volumen (Risikodimension) von signifikanter Bedeutung. Hierfür muss eine ausreichende Informationsbasis geschaffen werden, um die Preis-Mengen-Falle nicht zuschnappen zu lassen, weil Preis-Mengen-Zusammenhänge sowie Preiselastizitäten nicht bekannt sind.

So bedarf es, ausgehend von den Deckungsbeiträgen je Leistungseinheit von 20 Prozent, bei einer Preissenkung von 5 Prozent, einer um 33 Prozent steigenden Menge, um den gesamten Deckungsbeitrag als Ertrag nicht zu gefährden. Andererseits ist ein Absinken der Menge um 20 Prozent bei 5-prozentiger Preissteigerung möglich.

Sinnvolle Vorgehensweisen zur Bestimmung des Zusammenhanges zwischen Preis- und Mengenänderungen sind insbesondere:

1. Sensitivitätsindikatoren als Schätzgrößen für die Reaktion der Kunden auf geänderte Preise
2. Expertenurteile mit Hilfe des Decision-Support-Modells
3. Anwendung des statischen Verfahrens der Conjoint-Measurement-Analyse, bei der Berechnung funktionaler Zusammenhänge zwischen Preisen und

Mengen.

Zu 1: Mitarbeiter des Unternehmens sollen auf Basis einer repräsentativen Stichprobe der Kunden deren Preissensitivität hinsichtlich einzelner Indikatoren einschätzen. Dieses Verfahren ist einfach und schnell durchführbar. Aber es liefert auch nur einen ersten Eindruck über die Preisreaktionen der Kunden, ohne exaktere Quantifizierung des Zusammenhangs zwischen Preis und Mengen.

Zu 2: Ein mögliches Decision-Support-Model ist das Pricestrat-Konzept. Dieses Konzept bildet nicht nur die Reaktionen von Kunden auf Preisänderungen ab, sondern auch die Reaktionen der Wettbewerber auf die eigenen Preismaßnahmen.
Unternehmensinterne Experten sollen bei systematischen Preisänderungen die jeweils damit verbundenen Mengenänderungen auf Kundenseite, wie aber auch die resultierenden Aktivitäten der relevanten Wettbewerber abschätzen. Die Aggregation der einzelnen Aussagen führt zum gesuchten Preis-Mengen-Zusammenhang.

Zu 3: Die Conjoint-Measurement-Analyse ist die aufschlussreichste, aber auch aufwändigste Methode zur Ermittlung von Preis-Volumen-Zusammenhängen. Die Befragungssystematik dieser

Methode zwingt die Kunden zwischen verschiedenen Leistungen und ihren Werten, also ihrer Präferenzen hinsichtlich alternativer Preis-Leistungs-Kombinationen, abzuwägen. Es reichen in der Regel etwa 12 bis 15 Paarvergleiche aus, um mit Hilfe eines Computermodells den Wert quantitativ abzuleiten. Komponenten eines Girokontos könnten z. B. der Preis, die Marke des Instituts, der Kreditkartentyp und die Guthabenverzinsung sein. (2)

## Über Instrumente der Preisdifferenzierung kann das Revenue Management unterstützt werden

Es ist kaum möglich, für jeden Kunden individuelle Preis-Leistungs-Pakete zu offerieren. Allerdings ist es aus Ertragssicht auch nicht zielführend, nur ein Angebot für alle Kunden zu unterbreiten, da auf diese Weise mögliche Konsumentenrenten (der Differenzbetrag zwischen der Zahlungsbereitschaft des Kunden für ein Angebot und dem tatsächlich verlangten Preis) nicht abgeschöpft werden. So müssen die Unternehmen Kundensegmente bilden, denen bestimmte, auf sie zugeschnittene Leistungspakete geschnürt werden, die dann mit der

Zahlungsbereitschaft der Zielgruppe entsprechenden Preisen bewertet werden.

Mögliche Kriterien für Preisdifferenzierung:

- Personenbezogene Preisdifferenzierung: Hierbei verkauft ein Anbieter identische Leistungen zu unterschiedlichen Preisen an die Kunden nur aufgrund ihrer individuellen Merkmale (kostenloses Girokonto für Studenten).
- Leistungsbezogene Preisdifferenzierung: Es werden einzelne Produktvarianten angeboten, mit hinlänglich großen Nutzendifferenzen. Die Kunden entscheiden sich frei für die einzelnen Produktvarianten und die zu bezahlenden Preise.
- Mengenbezogene Preisdifferenzierung: Die Preissetzung orientiert sich an der Nutzungsintensität der Kunden. Gekennzeichnet ist dieses Modell durch einen Fixbetrag und nutzungsabhängige variable Preise, wobei der Fixbetrag quasi eine "Eintrittskarte" darstellt, günstigere variable Preise pro Nutzungseinheit zu bekommen, und somit insbesondere "Vielnutzern" einen günstigeren Stückpreis zu ermöglichen (vgl. z. B. Bahncard).
- Mehrpersonen-Preisbildung: Diese Strategie bietet einer bestimmten Anzahl von Personen einen Gesamtpreis für eine Leistung an, wobei der

Durchschnittspreis je Person i. d. R. unter dem Einzelpreis liegt. Sie wird häufig für Dienstleistungen angewandt, weil hier Produktion und Konsum der Leistung simultan erfolgen und somit die Gefahr der Arbitrage ausgeschlossen ist.
- Bundling: Verschiedene Produkte werden zu einem Paket verknüpft und zu einem Gesamtpreis offeriert. Vorteile sind insbesondere die Gewinnsteigerungen durch besseres Abschöpfen der Preisbereitschaften, höheres Cross-Selling, Vermeiden der Preisfalle, Reduktion der Kosten, sowie Kundenvorteile. (2)
- Zeitliche Preisdifferenzierung: In allen Branchen, in denen es um verderbliche Produkte geht, also insbesondere im Dienstleistungsbereich in dem der Unternehmer seine Kapazitäten vorhalten muss, die bei "Nicht-Nutzung" unwiederbringlich verloren sind, ist zeitliche Preisdifferenzierung anwendbar. Hierbei werden die Preise im Zeitablauf verändert, um das Absatzpotenzial zu erhöhen. Allerdings muss beachtet werden, dass Abwandern aus einem Kundensegment in ein anderes nur schwer oder möglichst gar nicht möglich ist. Der Markt wird in unterschiedliche Zielgruppen mit unterschiedlicher Preissensibilität aufgeteilt. Recht professionell wird diese Strategie bereits von Airlines umgesetzt, die dem frühbuchenden Privatreisenden niedrige Preise anbieten, wohingegen der kurzentschlossene Geschäftsreisende höhere Preise akzeptieren muss. (3)

Insgesamt ist eine Abkehr von festen Einheitspreisen laut Aushang, hin zu flexiblen Preisen zu erkennen. Dieses gilt inzwischen auch in Branchen, die bisher auf feste Preise setzten, wie Reinigungsbetriebe, Gaststätten, Autovermieter, Taxifahrer oder Werbeagenturen. Der Preis wird als Instrument entdeckt, auf zeitliche Schwankungen der Nachfrage sensibel zu reagieren, oder aber den Kunden mit dem Faktor Zeit unter Kaufdruck zu setzen. Entscheidend ist, Konditionen und Zielgruppen so einzugrenzen, dass nicht alle Kunden zu Sonderpreisen konsumieren können. Psychologisch ist es darüber hinaus wichtig, bei der Preisgestaltung nicht mit Zuschlägen zu arbeiten, sondern einen hohen Preis als Normalpreis zu deklarieren und in der schwachen Zeit Abschläge oder Gratis-Extras zu bieten.

Ziel ist es in diesem Zusammenhang, die individuellen Preisbereitschaften der unterschiedlichen Kundengruppen auszunutzen. Als erste hat die Hotel- und Tourismusindustrie das Instrument der zeitlichen Differenzierung durch Einführung der so genannten Frühbucherrabatte, oder Last-Minute-Preise, etc. eingeführt. Dieses kann in extrem flexibler Ausführung zu einem kontinuierlichen Auf und Ab der Preise führen, und somit zu einer verwirrenden Anzahl von unterschiedlichen Preisen für das gleiche Produkt. (4)

Vorsicht ist allerdings geboten, da ein kurzfristiges Senken der Preise, um zusätzliche Nachfrage zu generieren, auch unerwünschte langfristige Effekte haben kann, ebenso wie die Annahme, im Angebot auch ein Produkt unter Kosten anzubieten, um damit die Nachfrage nach anderen angebotenen, normal bepreisten Produkten zu erhöhen. Die Kunden werden immer aufgeschlossener, selektiv einzukaufen, um das gesamte gewünschte "Paket" günstigst zu erwerben.

# Dynamisches Preismanagement und Yield Management als kapazitätsorientiertes Ertragsmanagement

Ein zusätzlicher Kunde in einem Restaurant, einem Flugzeug, oder einem Hotel bringt aufgrund der geringen Grenzkosten für diese zusätzliche Leistung des entsprechenden Dienstleisters nahezu 100-prozentigen Zusatzprofit, sofern durch entsprechende Preisveränderungen die Kapazitätsauslastung erhöht werden kann. Das Motto ist einfach: Lieber einen Platz an Bord eines Flugzeugs für ein paar Euro verschleudern, als ihn ungenutzt lassen. (4) Durch die Gewährung von Frühbucher-Rabatten können sich Dienstleister darüber hinaus zum einen eine Basis-Liquidität sichern, zum anderen können unerwartete Nachfrageschübe rechtzeitig erkannt werden, um darauf rechtzeitig mit geeigneten Maßnahmen zu reagieren.

Erst durch das Medium Internet wird es möglich, den Parameter Preis kurzfristig und kontinuierlich immer wieder kundenspezifisch bzw. nachfragespezifisch anzupassen. Somit kann auf ändernde Markt- oder Wettbewerbsbedingungen flexibel reagiert werden. Darüber hinaus können Einsparungen für Marktforschungsaufwendungen z. B. in der Produkteinführungsphase erzielt werden, wenn über Online-Auktionen kostenlos Informationen über die absolute Zahlungsbereitschaft gewonnen werden können. Außerdem können Informationen über die Preissensitivität der Kunden gewonnen werden. Durch täglich oder gar stündlich geänderte Preise lässt sich die nachfragewirksame Preiselastizität (also die Änderung des Nachfragevolumens auf Preisänderungen) vergleichsweise schnell und kostengünstig testen. Darüber hinaus kann durch den Einsatz von Auktionen die Aufmerksamkeit des Kunden erhöht werden und sie können zusätzlich als Event-Marketing-Tool genutzt werden.

Diese Dynamik in der Preisfindung lässt sich aber nicht, oder nur ansatzweise, vom virtuellen auf den stationären Kanal übertragen, was zu unterschiedlichen Preisen in unterschiedlichen Absatzkanälen führen kann. Immer noch wird das Internet eher zur Information genutzt; abgeschlossen wird über andere Kanäle. Eine Integration der kanalübergreifenden Angebote kann den Kundennutzen und somit die Kundenbindung erhöhen.

Insbesondere Airlines beherrschen ein ausgeklügeltes Yield Management, für das bereits eigene Abteilungen mit so genannten Yield Managern installiert sind. Yield Management, welches man auch als kapazitätsorientiertes Ertragsmanagement bezeichnen kann, verlangt eine dreistufige Preispolitik:
- Der Nachfrageverlauf muss auf Basis von Erfahrungswerten prognostiziert werden.
- Für die verschiedenen Zielgruppen wie Frühbucher, Spätbucher, Urlauber oder Geschäftsreisende müssen Mengen- und Preiskontingente festgelegt werden.
- Das Buchungsaufkommen für sämtliche Maschinen und Kundensegmente muss kontinuierlich überprüft werden, um bei Abweichungen der tatsächlichen Buchungen von den prognostizierten Werten, den Preis entsprechend steigen oder sinken zu lassen (in Echtzeit wie an der Börse). (4)

Die Idee, den Preis zur Feinsteuerung der

Betriebsauslastung (und nicht nur als Spiegelbild der Kosten) einzusetzen, bedeutet Marktwirtschaft pur. Beispiele gibt es genügend, neben den "Billigtagen" in Kinos, dem Moonshine-Tarif der Mobilfunkanbieter, dem Wochenendtarif in Business-Hotels, hin zu Happy Hours in den Cocktailbars. Denkbar wären auch E-Mail- oder SMS-basierte Aktionen, in denen kurzfristig, brandaktuelle Sonderpreise für schwach frequentierte Zeiten z. B: in einem Sonnenstudio kommuniziert werden. (4)

Tools für dynamische Preispolitik in digitalen Medien sind:

- Digitale und automatisierte Auktionen; aufsteigend (ebay.de) wie absteigend (sixt.de).
- True Customer-Driven Pricing: Der Kunde bietet für eine bestimmte Leistung seinen Maximalpreis; der Anbieter kann diesen Preis annehmen oder ablehnen (priceline.com)
- Quasi-dynamische Preise: Hierbei werden die Preise in kurzen Änderungsintervallen variiert.
- Automatische Preis-Agenten (Price-Bots): Der Kunde kann eine Applikation zum Preisvergleich initiieren. Sofern bei diesem Abgleich bei der Konkurrenz günstigere Preise geboten werden, verpflichtet sich der Anbieter, diesen nachzuvollziehen.

Die Entsorgung oder der Verkauf von Auslaufartikeln, Überschussartikeln oder B-Waren mit starkem Discount an Zwischenhändler kann entfallen, da man diese Produkte mittels dem Medium Internet direkt an die Endkunden versteigern kann. Dieses gilt wie oben angesprochen insbesondere für verderbliche Waren, wie Transportkapazitäten, die nur innerhalb eines bestimmten Zeitraums einen Wert besitzen und danach wertlos sind.

Auktionen sind günstiger als Such- und Verhandlungskosten mit Zwischenhändlern. Es kann eine größere Anzahl von Kunden angesprochen und somit evtl. ein höherer Restverkaufserlös erzielt werden. Und es werden für Kunden günstige Bezugsmöglichkeiten geschaffen, die zu hoher Kundenzufriedenheit führen können.

Der Einsatz dynamischer Preisfindungstools birgt insbesondere für Multi-Channel-Unternehmen auch erhebliche Risiken. Die dynamischen Preise können aufgrund hoher Menükosten im stationären Kanal nicht nachvollzogen werden. Da es im Multi-Channel-Vertrieb ein wesentliches Ziel ist, Preise und Preispolitik in allen Kanälen gleich zu gestalten, sollten bestimmte Konditionen wie Beratung, Rücknahmefristen, oder andere Konditionen variiert werden, um durch Differenzierung von Preis und

Leistung eine Verringerung der Transparenz und somit unmittelbare Preisvergleiche zu erschweren.

Das Preisniveau im Internet liegt häufig unter dem der stationären Kanäle. Um eine Kannibalisierung bei sinkenden Margen durch Substitution des Offline- durch den Online-Kanal zu vermeiden, bietet sich ein Ausweichen auf indirekte Absatzkanäle an. Fluggesellschaften verkaufen ihre überschüssigen Flugkapazitäten häufig über Anbieter wie priceline.com und nicht über ihre eigenen Internetpräsenzen, um die Marke und ihre Positionierung zu schützen und den Zielkonflikt zwischen dynamischer Preisfindung und Multi-Channel-Vertrieb aufzulösen.

# Fallbeispiele

Ein gutes Beispiel für zeitliche Preisdifferenzierung ist das stark in der Kritik befindliche neue Preissystem der Deutschen Bahn, die zehn Prozent Nachlass auf den Reisepreis gewährt, sofern einen Tag vor Antritt der Reise gebucht wird; drei Tage vorher buchen bietet einen 25 prozentigen und eine Woche vorher einen 40 prozentigen Abschlag. Da die rabattierten

Plätze kontingentiert sind, können preissensible Kunden, denen es nicht auf die eine Stunde frühere oder spätere Abfahrt ankommt, in Züge mit freien Kapazitäten umgelenkt werden.
Ähnlich arbeitete unlängst der US-Computerhersteller Dell, der einen zehnprozentigen Preisnachlass gewährte, sofern die Bestellung in auslastungsschwachen Jahreszeiten platziert wurde. (4)

Die Kosten einer Banktransaktion in einer Filiale sind etwa 100 mal so hoch wie die über das Internet. (6)

Eine besondere Art des Last-Minute-Pokers wird vom Online-Auktionshaus Ebay angeboten. Bei täglich etwa 700 000 Versteigerungen, in denen auch schon viele Unternehmen als Verkäufer ihre Waren vermarkten, sind vor allem die letzten Minuten der Auktionen interessant. Die exakt auf die Sekunde befristete Bieterzeit führt teilweise zu wahren Bietergefechten in den letzten Sekunden, bei denen derjenige Bieter Sieger ist, der eine Zehntelsekunde, bevor der Computer die Auktion abschaltet, sein Gebot noch absendet. Zu den Angeboten von Unternehmen gesellen sich auch zunehmend Offerten von und für Unternehmen ("B-to-B"). Die Münchner Werbeagentur For Sale hat eine komplette Werbekampagne zu einem Startpreis von 1 Euro angeboten. Das Schlussgebot lag bei 2621 Euro, wobei sich der Preis allein in den letzten fünf Minuten vor Auktionsende um 500 Euro gesteigert hat. Laut dem Vorstand der Agentur liegt die Preisspanne für derartige Leistungen zwischen Null und einem fünfstelligen Betrag, wobei diese Versteigerung jetzt den wahren Marktpreis offen gelegt hat. (4)

Der Ferienhausvermieter Center Parcs jongliert mit sich täglich ändernden Preisen und erreicht damit eine durchschnittliche Auslastung von 90 Prozent. Wer unbedingt zu beliebten Ferienterminen einen Bungalow mieten möchte, zahlt fast doppelt so viel, als derjenige, der in der weniger frequentierten Zeit vor und nach diesen Terminen bucht. (4)

Das Textilunternehmen "Lands End" versteigert überschüssige Ware über das Internet und entlastet somit seine anderen Absatzkanäle.

Amazon.com hat im Jahr 2000 unangenehme Erfahrungen mit dynamischen Preisen gemacht, da für Transaktionen auf Basis vorhergehender Geschäfte zum gleichen Zeitpunkt unterschiedliche Preise an die Kunden verrechnet wurden. Die Kunden konnten diese Differenzierung der Preise nicht nachvollziehen und fühlten sich ungerecht behandelt, sodass amazon.com die benachteiligten Kunden mit Gutscheinen entschädigen musste.

Eine Untersuchung ausgewählter Preiskomponenten bei Banken ergab, dass eine Senkung des Guthabenzinses von den Kunden kaum wahrgenommen wurde, jedoch zu einer erheblichen Erlössteigerung führt. Dagegen hat die Höhe der Kontoführungsgebühr zwar auch einen großen Einfluss auf den Erlös, die Kunden reagieren aber sehr sensibel auf diese Preiskomponente, weil sie sehr stark im Fokus der Kommunikation steht. (2)

Der deutsche Einzelhandel hat auf den Markteintritt von Wal-Mart im Vorhinein mit Preissenkungen reagiert. Das Geschäftsmodell der meisten Einzelhandelsketten ist aber nicht auf ein Angebot zu besonders niedrigen Preisen ausgerichtet. Besser wäre sicher ein Strategieansatz gewesen, bei dem die Preise stabil gehalten werden, auch wenn das lokal für den einen oder anderen Anbieter problematisch hätte werden können. Einen Newcomer aber mit Mitteln zu bekämpfen, die man nicht beherrscht, ist auf Dauer tödlich.
Markenhersteller wie z. B. Procter&Gamble mit dem Produkt Pampers haben auf die Angebote z. B. eines Aldi, der zuverlässige Qualität ohne Schnickschnack zu günstigen Preisen anbietet, keine überzeugende Antwort. Auch Werbung hilft hier nur noch begrenzt, da der Markenwert alleine den hohen Preisunterschied nicht trägt.
Verschiedene Hersteller haben durch

unterschiedliche Strategien versucht, sich entsprechend neu aufzustellen.
So hat Gilette mit seiner Mach-3-Klinge, die 50 Prozent teurer ist als das teuerste Wettbewerbsprodukt, das alte Wertmodell wieder hergestellt; durch Innovation und bessere Qualität, da keiner der Wettbewerber derzeit in der Lage ist, ein vergleichbares Produkt anzubieten.
Ebenso hat die Deutsche Lufthansa versucht, durch den Aufbau der Zweitmarke Germanwings, an den Erträgen eines neuen Marktsegments teilzuhaben. Diese Strategie birgt die Tücke, Mitarbeiter zu haben/bekommen, die sich auch komplett in das neue Segment hineindenken können.
Theoretisch könnte man sich auch komplett neu aufstellen, was allerdings sehr teuer ist und selten gelingt. (1)

Im reifen Marktsegment der Burger-Anbieter werden die Produkte zu niedrigsten Margen angeboten, einzig mit dem Ziel, Marktanteile zu halten. Dies geht auf Kosten des Ertrags; so hat McDonalds kürzlich sein erstes negatives Quartalsergebnis veröffentlicht. (7)

# Weiterführende Literatur

(1) Preisfrage

aus brand eins, Heft 2/2003, S. 52-55

(2) Ertragsimpulse durch professionelles Pricing
aus Die Bank, Heft 3/2003, S. 156-162

(3) Boeffgen, Bernhard, Flexible Preise das kann jeder, Impulse, 01.04.2003, S. 24
aus Die Bank, Heft 3/2003, S. 156-162

(4) Neumann, Peter, Flexible Preise = Mehr Profit, Flexibilität ist in. Bis auf die Preise, da hat man seine Liste. Falsch. Beweglichkeit nach unten und oben zahlt sich aus. Worauf es dabei ankommt. Impulse, 01.04.2003, S. 20
aus Die Bank, Heft 3/2003, S. 156-162

(5) Wert-Arbeit
aus brand eins, Heft 2/2003, S. 44-51

(6) Multi Channel Management: Mit richtigem Pricing zum Erfolg
aus Die Bank, Heft 2/2003, S. 100-103

(7) Understanding the New Pricing Realities
aus Food Service Europe Nr.01 vom 25.02.2003 Seite 056

# Impressum

## Pricing und Revenue Management

### Bibliografische Information der deutschen Nationalbibliothek

Die Deutsche Nationalbibliothek verzeichnet diese Publikation in der deutschen Nationalbibliografie; detaillierte bibliografische Daten sind im Internet über http://dnb.d-nb.de abrufbar.

ISBN: 978-3-7379-0690-6

© 2015 GBI-Genios Deutsche Wirtschaftsdatenbank GmbH, Freischützstraße 96, 81927 München, www.genios.de

Alle Rechte vorbehalten. Dieses Werk ist einschließlich aller seiner Teile – z.B. Texte, Tabellen und Grafiken - urheberrechtlich geschützt. Jede Verwertung außerhalb der Grenzen des Urheberrechtsgesetzes bedarf der vorherigen Zustimmung des Verlags. Dies gilt insbesondere auch für auszugsweise Nachdrucke, fotomechanische Vervielfältigungen (Fotokopie/Mikroskopie), Übersetzungen, Auswertungen durch Datenbanken oder ähnliche Einrichtungen und die Einspeicherung und Verarbeitung in elektronischen Systemen.